FOLI

Supplément réalisé avec la collaboration
de Dominique Boutel et Anne Panzani
Conception de mise en page : Françoise Pham

ISBN : 2-07-052794-8

Numéro d'édition : 91631
Loi n° 49-956 du 16 juillet 1949 sur les publications
destinées à la jeunesse
Dépôt légal : septembre 1999
Imprimé en Italie par Editoriale Lloyd

HENRIETTE BICHONNIER

Les bobards d'Émile

ILLUSTRÉ PAR
HENRI FELLNER

GALLIMARD JEUNESSE

C'est une fille un peu grosse. Elle porte un bermuda qui lui fait un derrière d'éléphant, et une chemise à manches longues malgré la chaleur. Il

paraît qu'elle est là depuis deux jours. Elle nous regarde pendant qu'on joue au tennis. Je ne l'avais pas remarquée. C'est Toni qui l'a vue le premier, sur le banc, près du court. Il m'a demandé :

– C'est qui cette grosse ?

J'ai répondu :

– Quelle grosse ?

Quand je suis avec Toni, je parle comme lui, forcément. Mais chez moi, je suis obligé de faire attention, sinon maman se fâche. A la maison, on ne dit jamais « une grosse ». On dit « une fille potelée ». Chez Renaud, ça doit être pareil. Il dit à Toni :

– La fille potelée ? Elle est potelée. Et alors ?

– Alors rien. Je me demande, c'est tout.

Toni est notre chef parce qu'il a douze ans, Renaud et moi seulement dix. Et puis Toni habite ici toute l'année. Renaud et moi, on est seulement touristes. C'est grâce à Toni que M. Hernandez nous laisse le court gratuitement une heure par jour. En échange, on balaie les aiguilles de pin qui sont tombées pendant la nuit.

Donc, on regarde la fille potelée, puis on retourne au match, sans plus. Aujourd'hui, je les ai pris à deux contre un parce que je suis le meilleur. On est le meilleur chacun son tour. C'est Toni qui l'a décidé.

Là, je suis très en forme. Sans me vanter, je les dégomme à l'aise. A ma mère, je dirai que j'ai remporté un vif succès. Elle fera un sourire jusqu'aux oreilles en disant que je maîtrise beaucoup mieux mes impulsions. (J'ai déjà cassé deux raquettes.)

– C'est une excellente chose, Émile, dit maman quand j'arrive à la maison, viens voir qui est là. Cela va te faire plaisir.

Qui est là, je vous le demande ? Marie-Lise, une copine de maman que je ne connais pas. Maman retrouve beaucoup de copines par hasard pendant les vacances. Marie-Lise a une voix de souris. Elle s'écrie :

– C'est ton fils ? Il est beau !

Bien obligée. Maman est très sévère avec les gens qui ne me trouvent pas beau. Marie-Lise s'avance vers moi avec des airs de ouistiti. Puis elle se retourne pour faire signe à quelqu'un derrière elle.

– Émile, je te présente Capucine. Capucine, dis bonjour à Émile.

A ce moment-là, je vois arriver la fille potelée du tennis. La grosse, comme dirait Toni. Et pas seulement grosse, mais grande aussi. Elle me dépasse d'une tête. Elle se dandine d'un pied sur l'autre. Elle me tend une main molle avec deux doigts. Elle dit :

– S'lut !

Je réponds

– S'lut !

Maman et Marie-Lise nous trouvent a-do-ra-bles. Elles ont déjà tout organisé. Dès demain, j'emmène

Capucine jouer au tennis avec les autres. Inutile de protester, Maman et Marie-Lise ont déjà changé de sujet parce qu'elles se rappellent des trucs qu'elles ont faits ensemble.

Et voilà comment je me retrouve avec la potelée sur les bras. Je la regarde en silence. Je ne sais pas quoi lui dire. C'est elle qui entame la conversation, bille en tête. Elle me regarde de haut et elle dit :

– Je suis grosse parce que c'est l'âge. On maigrit après. Ma mère était comme moi à douze ans.

Je suis embêté. Je bredouille :

– Mais j'ai rien dit…

Elle n'a pas l'air gênée du tout.

– Je te réponds quand même. Tu peux m'appeler Capu.

Pour changer de sujet, j'essaie de parler tennis.

– Euh… Toi, Capu, tu es classée ?

Elle me regarde avec des yeux comme des soucoupes :

– C'est quoi, classée ?

Il faudrait que je lui explique tout sur les tournois, les classements. Ça me fatigue d'avance. Alors, je change de question.

– Euh… Tu joues souvent sinon ?

– Jamais.

Je suis sûr qu'elle plaisante. Je lui demande des précisions.

– Comment ça, jamais ?

Et elle répond du tac au tac :

– Ben, comme jamais. Je commence demain avec M. Hernandez.

– Quoi ? Tu veux dire que tu n'as jamais mis les pieds sur un court ?

– Pas une fois.

Et pan. Il faut que ça tombe sur moi.

Ma mère m'impose une potelée qui ne sait même pas tenir une raquette, et il faut que je me débrouille tout seul. J'imagine la tête de Toni si je lui dis qu'on va faire l'initiation de la « grosse ». A tous les coups, il va refuser. Je m'apprête à chercher une excuse pour me défiler, mais ma mère arrive avec sa copine. Je l'entends qui insiste.

– Je te le dis, Marie-Lise : si Capu est sous la responsabilité d'Émile, il n'y aura au-cun problème. Ab-so-lu–ment au-cun, n'est-ce pas Émile ?

Bien sûr que si, il y en aura. Mais

ce n'est pas le moment d'en parler. Alors je dis :

– Euh... non, non, aucun.

Maintenant je n'ai plus aucune excuse. Il faut que j'emmène Capucine jouer avec nous. Mais pour obliger les autres à accepter Capu, il va falloir trouver une raison. Ça ne va pas être facile.

Je réfléchis à la question une bonne partie de la nuit, et même le lendemain pendant qu'on fait des acrobaties sur la digue avec nos VTT.

Je prends deux gamelles parce que j'ai la tête ailleurs. Au volley, je ne suis pas meilleur. Finalement, Toni se plante devant moi, les poings sur les hanches. Il demande :

– Y'a quelque chose qui ne va pas, Émile ?

– Non, non, rien.

– C'est les grands du Petit Bec ?

– Mais non.

– Parce que s'y t'embêtent, il faut me le dire. T'es mon pote.

Justement, j'aimerais bien rester pote avec Toni. C'est pour ça que je finis par inventer l'histoire incroyable qui va suivre. Je suis assez bon pour inventer, c'est le prof de français qui le dit. J'ai de bonnes notes en rédaction. Il paraît que je sais broder.

Là, je vais broder le mieux possible.

En arrivant sur le court, je place ma raquette dans les mains de Capu et je lui dis :

– Attends-moi ici, j'en ai pour une minute.

Je fonce rejoindre Toni et Renaud qui me regardent d'un air indigné. Toni attaque.

– Dis donc, la grosse...

Mais je ne lui laisse pas finir sa phrase :

– Toni, il faut que je t'explique. Cette fille a eu de grands malheurs dans la vie. Sa mère est morte. Un truc horrible. Accident de voiture. La tête éclatée. La fille, à l'arrière, coincée dans la tôle. Il a fallu une journée pour la sortir. Quand elle s'est réveillée, elle avait du sang partout.

Renaud est déjà tout pâle.

– Arrête. Quelle horreur !

Mais pour Toni, je continue d'en rajouter.

– Des types qui attaquaient les gens sur l'autoroute à la hache. Coup de chance, ils n'avaient pas vu la fille, sinon ils lui coupaient la tête aussi.

Renaud est maintenant tout vert :

– Arrête ! C'est l'horreur !

Toni s'y connaît en cinéma américain. Il dit :

– C'est gore.

Ce qui veut dire qu'il y a du sang partout. Mais il a beau faire le malin, le voilà tout vert lui aussi.

A quelques pas de nous, Capu attend tranquillement en examinant la raquette sous toutes les coutures. Je brode encore sur ses malheurs pour ficeler l'histoire :

– Il y a des moments où elle perd tous ses moyens. Elle a des cauchemars. Pour le tennis, il ne faudra pas faire attention. Parce que, tu vois... Elle a des excuses.

Toni hoche la tête d'un air compréhensif :

– Ouais. Je vois.

Super. Toni est bien d'accord.

Capucine peut jouer avec nous. D'ailleurs, si on lui avait dit plus tôt, il l'aurait invitée lui-même. On ne peut pas laisser cette fille toute seule. A partir de maintenant, Toni prend Capucine sous sa protection et attention au premier qui l'embête.

Voilà, la partie peut commencer. Ouf, je respire un grand coup. J'ai eu chaud. Capucine me voit revenir les jambes flageolantes. Elle demande :

– Alors ? Ça ne va pas ?

Je m'éponge le front.

– Si, si. On est prêts. Tu me laisses rattraper la balle. Et tu regardes bien comment je fais. D'accord ?

Capucine prend un air obéissant. Elle dit :

– D'accord.

On commence. En face, ils envoient des balles faciles par respect pour les malheurs de Capu et je les renvoie faciles aussi par politesse. On est très embêtés tous les trois. On se sent obligés d'être très délicats, ce qui n'est pas dans nos habitudes. Capu n'est pas gênée, elle. Je la vois courir dans tous les sens pour taper la balle avec sa raquette comme pour écraser les mouches et je suis obligé de la calmer.

– Arrête ! Tu vas te faire repérer.

A ce moment-là, juste comme je suis au filet, Renaud envoie un lift. La balle passe au-dessus de ma tête. Mais, au même moment, j'entends un « poc », et je vois la balle repartir dans l'autre sens comme un bolide pour atterrir dans les pieds de Toni qui reste cloué sur place. Derrière moi, Capu fait un sourire jusqu'aux oreilles. C'est elle qui a renvoyé la

balle comme un boulet de canon. Elle prend un air innocent :

– C'est comme ça qu'il faut faire ?

Je suis un peu surpris. Je réponds :

– Hein ? Euh, oui, oui.

A l'autre bout du court, Toni s'impatiente. Il est vexé. Il beugle :

– Le service, c'est quand tu veux !

Normalement, ce serait à Capu de servir. Je m'apprête à le faire à sa place, puisqu'elle ne sait pas jouer au tennis, mais elle ne m'en laisse pas le temps. Elle me prend la balle des mains et elle dit :

– T'inquiète, j'essaie.

Elle sautille trois ou quatre fois sur place, elle se jette en arrière et le service part, comme un bolide. Un ace. Juste sur la ligne. Les deux d'en face sont contrariés. Ils prennent des airs dégagés, mais le service de Capucine

les a sonnés. Quand on se retrouve pour le changement de côté, Toni grommelle :

– Qu'est-ce que ce serait si elle avait tous ses moyens…

Renaud intervient pour le calmer :

– Arrête, Toni. Elle a eu beaucoup de malheurs.

Toni hoche la tête :

– C'est juste.

Je me penche à l'oreille de Capucine et je chuchote :

– T'es douée pour une débutante.

Elle répond, sans me regarder :

– Simple coup de chance. Ça arrive.

La petite voix de souris de Marie-Lise se fait entendre à ce moment précis.

– Capu, trésor, viens voir maman une minute.

Marie-Lise et ma mère arrivent avec la bouche en cœur. Voilà la tuile. Pourquoi les mères ont-elles besoin de se mêler de tout quand on est tranquille ? Toni et Renaud me regardent d'un air hagard.

Maman ? Elle a une maman Capu ? Mais alors l'accident, la tête coupée, le sang, c'est quoi cette histoire ? Je commence à bégayer. Je me sens coincé comme un rat. Je suis en train de perdre tous mes moyens.

J'ai envie de partir en courant. Mais Capu me retient fermement par le poignet et, cette fois, elle n'a pas les doigts mous. Elle me dit à voix basse

– S't'plaît, une minute.

Elle m'entraîne à part. Elle enlève sa chemise à manches longues et elle me la met dans les mains. En dessous, elle porte un marcel bleu pâle qui souligne ses épaules de déménageur. Et sur ses bras nus, on voit de grosses plaques rouges. Elle me regarde de haut. Et elle dit :

– Quand on raconte des histoires, il faut savoir raconter des choses énormes. Ton histoire

n'est pas au point, on va la rattraper. Voilà ce que tu vas dire à tes copains. Marie-Lise n'est pas ma mère. C'est la nouvelle femme de mon père. Elle m'oblige à l'appeler maman. Elle me bat, elle m'enferme dans des placards, elle m'oblige à manger seulement des pâtes et elle m'attache à ma chaise, c'est pour ça que je suis grosse. Mes

plaques sur les bras, c'est de l'allergie au soleil. Tu diras à tes copains que c'est des traces de coups, t'as bien compris ?

Je ne sais plus où me mettre. Je bredouille :

– Oui… mais ta mère ?

Capucine me regarde d'un air supérieur. On dirait qu'elle a encore grandi. Elle laisse tomber :

– Ma mère, je m'en occupe. Moi aussi je suis bonne pour inventer des histoires.

Là-dessus elle tourne les talons ; elle court vers Marie-Lise qui s'énerve et qui crie :

– Mais chouchou ! Il ne faut pas enlever ta chemise !

L'histoire de la mère qui bat la fille, c'est excellent. Toni et Renaud sont effondrés. Toni dit qu'il faut trouver un plan pour sauver Capu. Qu'il s'en occupe personnellement. Quand Marie-Lise et ma mère tournent enfin les talons, il m'arrache la chemise de Capu des mains et il l'aide à l'enfiler avec une délicatesse infinie. Il lui demande d'une voix tremblante :

– Tu crois que tu veux continuer la partie ?

Capucine redresse fièrement la tête.

– Oh, oui. Il n'y a pas de raison.

Et elle continue à faire n'importe quoi, au hasard. Et elle réussit tous ses coups, ce qui fait qu'on bat Renaud et Toni à plate couture en deux sets. Toni et Renaud ne ronchonnent même pas.

Toni dit seulement :

– Rendez-vous demain, même heure. Salut.

Et ils s'en vont de leur côté tandis que Capu et moi, nous remontons sur nos vélos. On pédale sans un mot vers la maison. Arrivés sur la place du village, on trouve M. Hernandez qui fait démarrer sa voiture rouge avec des vroum vroum de formule 1.

M. Hernandez aime bien frimer

avec sa voiture. Il s'arrête en faisant un petit signe de la main à Capu.

– Alors Capucine, c'était comment le tournoi ?

Capucine répond sans me regarder :

– Bien, monsieur Hernandez. On a gagné.

Je trouve qu'elle exagère. Je suis très gêné. Ces deux petits sets avec Toni et Renaud n'étaient pas un tournoi. Je proteste à voix basse :

– Ce n'était pas un tournoi. C'était juste un petit match.

Mais Capucine ne m'entend pas. M. Hernandez continue ses questions.

– Cécile a été bonne ?

Et Capucine répond comme si je n'étais pas là :

– Pas mal. Elle fait encore des doubles fautes. Mais elle progresse.

Cécile ? Quelle Cécile ? Je ne comprends plus rien à ce qu'elle raconte. Je grogne entre mes dents pour demander des explications.

– Mais de quoi tu parles là ? C'est qui Cécile ?

Capucine continue sa conversation avec M. Hernandez comme si elle ne m'entendait pas. Là, j'abandonne. M. Hernandez fait ronfler sa voiture, puis il démarre en criant :

– Bon, alors, à demain Capucine. Court quatre.

Quand il a disparu, Capu se tourne vers moi avec un petit sourire triomphant.

– M. Hernandez parle du tournoi de la Coucourde. J'y ai participé hier matin. Et j'ai gagné avec Cécile Griffon qui habite Sainte-Marie-Plage.

Là, je n'en crois pas mes oreilles.

– Tu veux dire… tu fais des tournois ?

Capucine secoue le menton pour dire oui, oui.

– Je fais des tournois.

Dans ce cas, elle me doit quelques explications. Je lui dis :

– Mais alors ?… Ce n'était pas vrai que tu n'avais jamais mis les pieds sur un court de tennis.

Elle secoue le menton de droite à gauche, toujours triomphante.

– Ce n'était pas vrai.

– Et pourquoi tu m'as dit ça ?

– Parce que j'aime bien raconter des histoires. Pas toi ?

– Hein ? Euh… Moi, c'est-à-dire...

Je pense à toutes les histoires que j'ai inventées pour Toni et Renaud. Il nous reste trois semaines de vacances à passer dans le village. Je me demande comment je vais m'en sortir maintenant. Mais Capu me rassure tout de suite. Elle dit :

– T'inquiète, avec moi, tu vas très bien t'en sortir. J'ai l'habitude.

Moi pas. Le lendemain, je ne sais pas quoi dire quand Toni et Renaud passent me prendre à sept heures du matin. Je suis encore en pyjama.

– Mais c'est beaucoup trop tôt, dit maman, Émile n'a pas déjeuné.

– On déjeune chez Capu, répond Toni. On est pressés.

Là-dessus, il me tend mon short et mes chaussures et je finis d'enfiler mon polo dans la rue. Je saute sur mon vélo et nous partons tous les trois pour défendre Capu de sa mauvaise belle-mère. Nous voilà chevaliers contre la méchante reine. Toni se prend pour Conan le Barbare. Je suis un peu embêté pour Marie-Lise qui est encore en chemise de nuit quand nous arrivons.

– Capu dort encore ! dit-elle. Revenez plus tard.

– Elle nous a invités, insiste Toni.

Et il s'apprête à ouvrir les placards pour voir si Capu n'est pas enfermée dedans. Mais Capu arrive à temps et je ne sais pas ce qu'elle raconte à sa mère pour la calmer. Toujours est-il que Marie-Lise se calme et nous sert un petit déjeuner avec de la brioche.

A partir de ce moment, tous les jours, nous venons chercher Capu à n'importe quelle heure. Surtout au moment des repas, parce que Toni veut s'assurer qu'elle mange correctement, qu'elle n'est pas battue et que personne ne l'embête. De sorte que Marie-Lise est obligée de faire de la cuisine pour quatre. Ensuite, nous emmenons Capu partout : en vélo, au tennis, sur la plage, au volley, au basket, ce qui étonne Marie-Lise :

– Mais ton tennis, chouchou, tu abandonnes l'entraînement ?

– Quel entraînement ? répond Toni. Elle s'entraîne avec nous. C'est ce qu'il y a de mieux, non ?

De nouveau, Capu est obligée de prendre sa mère à part et de lui raconter des choses à l'oreille. J'entends Marie-Lise qui dit :

– Ah bon ? Quelle horreur ! Oui, tu fais bien, chouchou.

Je prends ma grande amie à part, parce qu'en

effet Capu est grande et c'est mon amie. Je lui demande :

– Capu, qu'est-ce que tu as encore inventé ?

– Un bobard. J'ai dit que Toni était orphelin. Que son oncle le bat, l'oblige à travailler dans l'épicerie pour gagner son pain, et qu'il ne lui donne rien à manger. J'ai dit aussi que je m'occupais de lui, et ma mère trouve que je fais bien. Ça te plaît ?

– Pas mal, pas mal.

Je pense à M. Magnani, le père de Toni, gentil comme tout. Je me demande s'il serait tellement content d'apprendre qu'on le transforme en monstre.

– Et Marie-Lise, tu crois qu'elle serait contente ? demande Capu en montant sur son vélo.

C’est vrai que Marie-Lise est gentille comme tout, elle aussi. Elle nous fait des petits plats et elle ne se plaint jamais quand on vient l’envahir à n’importe quelle heure. Un jour, pourtant, je l’ai entendue dire à ma mère que les copains de Capu devenaient vraiment collants, qu’ils débarquaient à la maison matin et soir. Maman a répondu d’un air ravi :

– C'est normal Marie-Lise, moi aussi, j'ai toujours des enfants dans les pattes. Émile est ter-ri-ble-ment sociable.

FIN

Henriette Bichonnier : « Je suis née le 27 juin 1943, à Clermont-Ferrand, sous les bombardements des usines Michelin.
J'ai commencé un diplôme de sciences naturelles en même temps qu'un diplôme de lettres modernes, et pour finir j'ai obtenu une licence d'anglais. En fait, j'aurais voulu être coiffeuse.
Après deux ans d'études expérimentales en Angleterre, j'ai essayé d'enseigner l'anglais en France, au lycée Simone-Weil de Saint-Etienne. Durée de l'expérience : six mois. L'année suivante, en 1969, j'ai commencé à écrire des histoires pour les enfants, puis à écrire des histoires pour les grandes personnes dans les journaux.
La pédagogie a la vie dure, et c'est du côté des enfants qu'on s'amuse le mieux. »

Henri Fellner est né en 1962 à Versailles.
Il a fait l'école des Arts décoratifs.
Il travaille souvent pour la presse.
Pour les Éditions Gallimard Jeunesse, il a illustré *Le Fou volant*, de Roberto Piumini, *Le roi pudique* de Nicolas de Hirshing, et *Cul-blanc*, de Dick King-Smith.

Les bobards d'Émile

Supplément illustré

Test

Pourquoi t'arrive-t-il de mentir ? Pour le savoir, réponds aux questions et reporte-toi à la page des solutions.

(Réponses page 54)

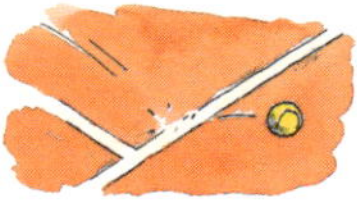

1 Tu arrives en retard à un rendez-vous :

● ta mère t'a demandé de lui rendre un service

■ tu viens de sauver une vieille dame d'un terrible accident

▲ tu as rencontré un animal monstrueux et tu l'as conduit au zoo

2 Tu n'as pas fait ton travail :

● tu as perdu ton cahier de textes

■ tu es parti faire un voyage interplanétaire

▲ tu as été enfermé dans ta chambre sans le droit de rien faire

3 En revenant de vacances, tu racontes que :

■ tu as traversé l'Atlantique

● tu t'es fait plein d'amis

▲ tu as piloté un avion

4 Tu as raté presque toutes les balles au ballon prisonnier :

▲ le ballon prisonnier ne t'intéresse plus

● tu t'es tordu la cheville

■ le ballon est enchanté

6 Tu as perdu le livre que ton ami t'a prêté :

● ton cartable a un gros trou et tu as perdu le livre

■ tu l'as vu s'envoler pour une destination inconnue

▲ un voleur l'a pris

7 En jouant à la balle chez toi, tu casses un pot de fleurs :

■ un martien l'a désintégré avec un pistolet atomique

● quelqu'un a dû mal le poser et il est tombé tout seul

▲ tu voulais justement en acheter un plus beau

8 Ton devoir ressemble bizarrement à celui de ton voisin :

■ il arrive un phénomène incroyable, tu lis dans les pensées

▲ c'est un hasard incroyable car tu savais ta leçon par cœur

● ton voisin t'a forcé à lui montrer ton cahier

Informations

«Je ne mens jamais!»

La plupart des gens qui disent cette phrase sont de vrais menteurs!
Tout le monde, à un moment ou à un autre de sa vie, a dit ou dira un mensonge.
Il est vrai qu'il existe toutes sortes de mensonges. Il y a les petits mensonges qu'on dit presque sans s'en apercevoir, qui ne font de mal à personne et qu'on oublie aussitôt, et puis les gros mensonges qu'on dit exprès et dont il est difficile de se sortir. Tu as sûrement des copains à l'école qui mentent beaucoup. C'est ennuyeux parce que plus personne ne les croit!

■ Mais pourquoi mentent-ils donc?

Le plus souvent, c'est pour éviter d'être puni. Par exemple, un enfant a oublié son devoir à la maison et, au lieu de dire la vérité et de risquer ainsi une punition, il va inventer une histoire. Ce type de mensonge ne concerne d'ailleurs pas seulement les enfants! Beaucoup d'adultes mentent pour éviter les ennuis…
On peut aussi mentir par peur!

Connais-tu l'histoire de Galilée, cet astronome italien du XVIe siècle qui découvrit que la Terre tournait autour du Soleil ? La cour de Rome, qui pensait que la Terre était le centre de l'univers, le força à renoncer à ses idées sous peine de mort. Il dut donc mentir pour pouvoir continuer à vivre. On raconte qu'en sortant du tribunal, il aurait dit : « Et pourtant elle tourne ! »

Parfois on ment lorsqu'on a du mal à accepter la réalité. Comme quand on a fait une bêtise et qu'on a honte. Tout le monde aime donner une bonne image de soi, et la peur de décevoir les autres entraîne parfois le mensonge.
Ceux qui mentent ne le font pas toujours pour dissimuler quelque chose. Il y a des personnes qui n'ont pas suffisamment confiance en elles, qui se trouvent inintéressantes. Alors elles inventent des tas d'histoires pour épater les autres. Elles ont ainsi l'impression de capter l'attention, de devenir importantes. Les histoires qu'elles racontent sont magiques, elles transforment leur vie. Mais cela ne dure jamais longtemps et la chute est très dure…

On peut aussi mentir pour se sortir d'une situation embarrassante. C'est un peu comme dans l'histoire d'Émile. Il doit faire accepter Capucine dans sa bande et ce n'est pas une mince affaire. En mentant, il arrange tout ! Mieux vaut pourtant ne pas imaginer ce qui se passera le jour où la vérité sera révélée…

■ Comment faire pour aider un menteur ?

Un menteur est souvent mal dans sa peau. Si ton bon copain te ment, le mieux est de lui faire comprendre que tu n'es pas dupe, que tu sais bien qu'il te ment mais que tu ne lui en veux pas et qu'il n'a pas besoin de mentir pour que tu l'aimes bien. Il faut que tu lui montres qu'il peut avoir confiance en toi et qu'en te mentant il ne te respecte pas. Un mensonge, c'est avant tout un manque de respect pour les autres et aussi pour soi-même.

■ Comment savoir si quelqu'un ment ?

Tu connais sûrement l'histoire de Pinocchio, ce célèbre menteur. Tu te rappelles peut-être que chaque fois qu'il mentait, son nez s'allongeait. Il était ainsi

facile de le confondre. Malheureusement ce n'est qu'une histoire et les menteurs cachent souvent bien leur jeu.

Il est difficile de faire avouer un mensonge à quelqu'un même si on le fait pour son bien. Aux États-Unis, il existe des détecteurs qui sont utilisés par la police pour repérer les coupables.

L'idée de ces machines repose sur une observation : lorsque quelqu'un ment, il transpire davantage, son pouls s'accélère et sa respiration est troublée. La machine enregistre toutes les variations de comportement et on peut ensuite lire les différences entre les réponses.

Tout cela paraît très logique sauf que… cela ne marche pas !

Il y a de très bons menteurs chez les coupables et des gens très angoissés chez les innocents.

Il a été prouvé que la machine ne pouvait pas lire le fond des pensées de chacun et que les innocents étaient souvent plus nerveux que les coupables.

Jeux

Détecteur de mensonges

Voici vingt affirmations d'Émile sur l'histoire. Il y en a des fausses. A toi de détecter ses mensonges et de vérifier à la fin du livre si tu es un bon_____. Tu découvriras le mot qui manque en entourant les lettres qui correspondent selon toi aux propositions vraies et en les mettant dans l'ordre.

(Réponses page 55)

1. Je m'appelle Émile et je suis celui qui raconte l'histoire. **I**

2. Le jour où j'ai rencontré Capucine, elle était vêtue d'une robe à fleurs. **A**

3. Toni est le chef de ma bande car c'est le meilleur au tennis. **B**

4. Une de mes qualités, c'est de savoir me contrôler. **C**

5. Monsieur Hernandez est le professeur de tennis. **E**

6. J'habite au bord de la mer. **V**

7. Je suis enchanté d'avoir une nouvelle amie. **I**

8. J'ai beaucoup d'imagination. **D**
9. Le surnom de Capucine est chouchou. **E**
10. Capucine est battue par sa belle-mère. **O**
11. Toni et Renaud décident de protéger Capucine. **C**
12. Capucine est une excellente joueuse de tennis. **E**
13. Marie-Lise enfermerait Capu si nous ne venions pas. **F**
14. Toni et Renaud ne croient pas à mes histoires **A**
15. Capucine passe toutes ses journées avec nous. **T**
16. Marie-Lise refuse de cuisiner presque tous les jours pour nous. **N**
17. Toni est orphelin. **P**
18. Capucine est devenue mon amie. **T**
19. Marie-Lise finit par nous trouver collants. **V**
20. Ma mère trouve qu'être sociable est un défaut. **M**

Connais-tu le tennis ?

Comme tous les sports, le tennis a ses règles. Les connais-tu ?

(Réponses page 55)

1. Pour gagner un match, il faut avoir remporté :

A. six jeux

B. dix jeux

2. A chaque début de partie, le joueur a droit à :

A. un service

B. deux services

3. Le grand tournoi anglais de tennis se joue à :

A. Manchester

B. Wimbledon

4. « Avantage dedans » signifie que celui qui a l'avantage :

A. est celui qui sert

B. est celui qui est à l'intérieur du court

5. Un court de tennis peut être en :

A. terre battue

B. en goudron

B comme bobard

Retrouve cinq mots qui veulent dire « mensonge » mais dans un style plutôt familier ! Ils ont un point commun : ils commencent tous par B et ont perdu leurs consonnes.
(Réponses page 55)

BA EAU
B A UE
BA A I
B U
BO I E

Vrai ou faux ?

Voici un bon moyen d'exercer ton sens de la logique. Lis bien le raisonnement suivant auquel il ne manque que les mots « vrai » ou « faux » pour fonctionner. Réfléchis bien avant de les écrire à la bonne place !
(Réponses page 55)

Tu dis que tu mens. Si c'est ______ alors tu mens aussi en disant que tu mens, il est donc ______ que tu mentes.
Mais si c'est ______ alors tu ne mens pas non plus en disant que tu mens, il est donc ______ que tu mens !

Réponses

pages 44 et 45

Compte les ●, les ▲ et les ■ que tu as obtenus.

– Si tu as plus de ●, il t'arrive de mentir par plaisir. Tu adores raconter des histoires, transformer la réalité, lui donner un petit air de fête. Ton imagination est sans limite, mais n'oublie pas qu'il y a des situations où la vérité est nécessaire. La confiance qu'on peut avoir en toi en dépend.

– Si tu as plus de ■, il t'arrive de mentir pour te mettre en valeur, pour donner une image de toi… qui n'est peut-être pas la vraie. Tu as besoin de te faire reconnaître par les autres et tu te fabriques un personnage. Ne vaut-il pas mieux être aimé pour ce que l'on est que pour une fausse image de soi-même ?

– Si tu as plus de ▲, il t'arrive de mentir pour te sortir de situations difficiles. Tu crois qu'il est plus simple de trouver une excuse, même fausse, que de dire la vérité et d'en supporter les conséquences. Attention, les mensonges sont souvent des bombes à retardement !

pages 50 et 51

Détecteur de mensonges :

Propositions vraies :
1, 5, 8, 9, 11, 12, 15, 18, 19

En remettant dans l'ordre les lettres qui correspondent à ces phrases, tu obtiens le mot DÉTECTIVE. Bravo !

page 52

Connais-tu le tennis ?

1. A – 2. B – 3. B – 4. A – 5. A

page 53

B comme bobard

Bateau-blague-baratin-bluff-boniment

page 53

Vrai ou faux?

Dans l'ordre : vrai - faux - faux - vrai

Dans la même collection

TedAllan Histoire d'un souricureuil
Allan Ahlberg/Janet Ahlberg Le cheval en pantalon
Andersen/Georges Lemoine La petite fille aux allumettes
Bernard Ashley/Christophe Blain A la poursuite de Kim
Doris Buchanan Smith/Christophe Blain Le goût des mûres
Geva Caban/Zina Modiano Je t'écris, j'écris
Blaise Cendrars/Jacqueline Duhême Petits contes nègres pour les enfants des blancs
Roald Dahl/Quentin Blake Un amour de tortue - Un conte peut en cacher un autre
Roald Dahl/Tony Ross Fantastique Maître Renard
Paula Danziger/Tony Ross Lili Graffiti - Les vacances de Lili Graffiti La rentrée de Lili Graffiti - Courage, Lili Graffiti! - Un nouvel ami pour Lili Graffiti - Lili Graffiti voit rouge
Margaret Davidson/André Dahan Louis Braille
Jane Gardam/William Geldart Le poney dans la neige
Jean Giono/J.-L. Besson Le petit garçon qui avait envie d'espace
Jean Giono/Willi Glasauer L'homme qui plantait des arbres
Robert Graves/Maurice Sendak Le grand livre vert
Claude Gutman/Pef Danger gros mots
Colin et Jacqui Hawkins Les sorcières - Les pirates - Les vampires Les fantômes - Les monstres
Ted Hughes/Jean Torton Le géant de fer
Dick King-Smith/William Geldart Une marmite pleine d'or
Dick King-Smith/David Parkins Longue vie aux dodos
Rudyard Kipling/Etienne Delessert Histoires comme ça
Jean de La Fontaine/ Claudine et Roland Sabatier Fables
J. M. G. Le Clézio/Henri Galeron Voyage au pays des arbres
Penelope Lively/François Place Le vitrail
Patricia Mac Lachlan/ Quentin Blake Sarah la pas belle
Margaret Mahy/Alice Dumas La baignoire du géant
Margaret Mahy/Quentin Blake L'enlèvement de la bibliothécaire - Le grand charivari
Michael Morpurgo/R. Vermeil L'ours qui ne voulait pas danser
Marie-Aude Murail Mystère
Jill Murphy Amandine Malabul, la sorcière a des ennuis - Amandine Malabul, la sorcière a peur de l'eau - Amandine Malabul, la sorcière ensorcelée - Amandine Malabul, sorcière maladroite
Roberto Piumini/Henri Fellner Le fou volant
Pat Ross/Marilyn Hafner Les inséparables - Les inséparables et la petite momie - Les inséparables et le secret de Noël
Alain Serres/Véronique Deiss L'ogron
Kay Thompson/Hilary Knight Eloïse - Eloïse à Paris
Michel Tournier/Danièle Bour Pierrot ou les secrets de la nuit
Michel Tournier/Georges Lemoine Barbedor
Marguerite Yourcenar/ G. Lemoine Comment Wang-Fô fut sauvé des eaux